DIE BIBEL DER SMOOTHIES

+100 essentielle Smoothies, um gesund zu werden

Fia Wagner, Elvira Meyer

Alle Rechte vorbehalten.

Haftungsausschluss

Sommario

Die Super Healthy Smoothie Rezepte

50 essentielle Smoothies, um gesund zu werden

Fia Wagner

Alle Rechte vorbehalten.

Haftungsausschluss

EINFÜHRUNG

Ein Smoothie-Rezept ist ein Getränk, das mit einem Mixer aus püriertem rohem Obst und / oder Gemüse hergestellt wird. Ein Smoothie hat oft eine flüssige Basis wie Wasser, Fruchtsaft, Milchprodukte wie Milch, Joghurt, Eis oder Hüttenkäse.

1.TAHINI DATUM UND CINNAMON SMOOTHIE

ZUTATEN

- ❖ 1 / 2–1 gefrorene Banane (je nach Süße)
- ❖ 3/4 Tasse Milch nach Wahl (wir mögen Vanille-Mandelmilch)
- ❖ 1 Medjool Datum, entkernt
- ❖ 1 EL Zimt
- ❖ 2 EL Tahini
- ❖ Prise Salz
- ❖ Optional: gefrorener Spinat, Leinsamen, Proteinpulver

ANLEITUNG

1. Alle Zutaten in einen Mixer geben und glatt rühren.

2.SWEET POTATO SMOOTHIE BOWL [GESCHMACK WIE SWEET POTATO PIE!]

ZUTATEN

- ❖ 1 kleine Süßkartoffel
- ❖ 1/2 Tasse gedämpft, dann gefrorene Zucchini *
- ❖ 1 kleine Banane, gefroren
- ❖ 1/3 Tasse Joghurt (+ mehr zum Belegen) oder verwenden Sie milchfreien Joghurt
- ❖ 1/2 Tasse ungesüßte Vanille-Mandelmilch (mehr für eine dünnere Konsistenz)
- ❖ 1 TL Kürbiskuchengewürz
- ❖ 1/4 TL Kardamom
- ❖ frischer Ingwer (ungefähr so groß wie Ihr Fingernagel)

ANLEITUNG

1. So kochen Sie die Süßkartoffel:
2. Schneiden Sie die Süßkartoffel in zwei Hälften und dämpfen Sie sie dann 10 Minuten lang in einem Dampfkorb
3. ODER in Folie einwickeln und 1 Stunde in einen 350-Grad-Ofen stellen.
4. Siehe Anweisungen oben für die Mikrowelle.
5. Für Smoothie:
6. Alle Zutaten in einen Mixer geben und glatt rühren.
7. Top mit zusätzlichem Joghurt und Kürbisgewürz oder Belag nach Wahl

3. MATCHA MINT COCONUT SMOOTHIE BOWL

ZUTATEN

- ❖ 1 große Banane
- ❖ 1 TL Matcha-Pulver
- ❖ 1 / 4–1 / 2 Tasse Kokosmilch *
- ❖ 3 frische Minzblätter
- ❖ 1 Handvoll Babyspinat
- ❖ 3-4 Eiswürfel
- ❖ optional: 1/4 TL Zimt
- ❖ Belag: frisches Obst, Joghurt (kann Kokosjoghurt verwenden), Müsli usw....

ANLEITUNG

1. Alle Zutaten (außer Toppings) in einen Hochgeschwindigkeitsmixer geben.
2. Mischen, bis alles gut vermischt ist
3. In eine Schüssel geben und mit Belag belegen.
4. Sofort essen

Je weniger Sie verwenden, desto dicker wird es, aber es wird auch schwieriger zu mischen sein. Beginnen Sie mit einer 1/4 Tasse und fügen Sie mehr hinzu, wenn Sie etwas bewegen müssen.

4.YOGA GLOW SMOOTHIE + MEINE NEUE MORGENROUTINE

ZUTATEN

- ❖ 1 Tasse Blaubeeren
- ❖ 1/2 reife Banane
- ❖ 1/2 Avocado
- ❖ 1–2 Tassen Grünkohl
- ❖ 1 Knopf frischer Ingwer, geschält und gehackt
- ❖ 1/4 TL Kurkuma
- ❖ 1 EL roher Kakao
- ❖ 1/2 TL Maca-Pulver
- ❖ 1/2 TL Zimt
- ❖ Prise Meersalz
- ❖ 1 Tasse Simple Truth Vapor Destilliertes Wasser (ich verwende das Heidelbeer-Brombeer-Aroma)
- ❖ Optional: eine Kugel Proteinpulver.

ANLEITUNG

1. Alle Zutaten in einen Mixer geben und glatt rühren.

5.ALMOND CHAI GREEN SMOOTHIE

ZUTATEN

- ❖ 1 gefrorene Banane
- ❖ 1 Messlöffel Vanilleproteinpulver Ihrer Wahl (ich habe Vega Sport Protein verwendet)
- ❖ 1/2 TL gemahlener Ingwer
- ❖ 1/4 TL gemahlener Zimt
- ❖ 1/4 TL gemahlener Kardamom
- ❖ 1/8 TL gemahlene Muskatnuss
- ❖ 1 Messlöffel natürliche, glatte Mandelbutter
- ❖ 2 Tassen Babyspinat
- ❖ 1 Tasse ungesüßte Mandelmilch
- ❖ optional: 1/2 TL Vanilleextrakt

ANLEITUNG

1. Geben Sie die Zutaten in der angegebenen Reihenfolge in einen Mixer.
2. Mixen, bis alles glatt ist.
3. Mit Belag Ihrer Wahl servieren. Ich mag Hanfsamen, Zimt und Mandelbutter.

6. BLUEBERRY GREEN SMOOTHIE BOWL

ZUTATEN

❖ 1 Tasse gefrorene Blaubeeren
❖ 1 Messlöffel Vanille-Proteinpulver auf pflanzlicher Basis (ich habe Vega + Greens verwendet)
❖ 1/2 große Banane (frisch oder gefroren)
❖ 1 / 4–1 / 2 Tasse Mandelmilch (beginnen Sie mit 1/4 Tasse und fügen Sie mehr hinzu, wenn Ihr Mixer es braucht)
❖ 1/4 Avocado
❖ 2 Tassen Gemüse (ich benutze Spinat, Rucola und Grünkohl)
❖ Einige Vorschläge zum Belag: Mandel- / Erdnussbutter, Müsli, Chiasamen, Hanfsamen, Kürbiskerne usw....

ANLEITUNG

1. Alle Zutaten in einen Hochgeschwindigkeitsmixer geben und auf hoher Stufe mischen, bis alles gut vermischt ist. Wenn Sie einen noch dickeren Smoothie bevorzugen, fügen Sie ein paar Eiswürfel hinzu.
2. Mit den gewünschten Belägen belegen und in einer Schüssel servieren.

7.PINEAPPLE MOJITO GREEN SMOOTHIE

ZUTATEN

- ❖ 1/2 Tasse Kokosmilch (ich habe Karton verwendet) oder andere milchfreie Milch
- ❖ 1/4 Tasse frische Minze
- ❖ 1 1/2 Tassen gehackte Ananas (frisch oder gefroren)
- ❖ 1–2 Tassen Babyspinat
- ❖ 1 Limette, Schale und Saft
- ❖ 1/2 TL frisch geriebener Ingwer
- ❖ 1 Tasse Eis
- ❖ Optional: Mit Chiasamen, Kokosraspeln, Hanfsamen usw. belegen.

ANLEITUNG

1. Alle Zutaten in einen leistungsstarken Mixer geben, bis alles gut vermischt ist.
2. Top mit gewünschten Belägen.

8.MANGO ALMOND BUTTER SMOOTHIE

ZUTATEN

- ❖ 1 Tasse gefrorene Mango
- ❖ 1/2 gefrorene Banane, in Scheiben geschnitten
- ❖ 1/2 Tasse Mandelmilch *
- ❖ 1 EL Mandelbutter
- ❖ 1 Messlöffel Vanilleproteinpulver
- ❖ Optional: 2 Tassen Spinat für einen zusätzlichen vegetarischen Schub.

ANLEITUNG

1. Verbinden Sie alle Befestigungen in Ihrem Mixer.
2. Sofort trinken.

* Dieser Smoothie ist dick. Wenn Sie also lieber mit einem Strohhalm trinken als mit einem Löffel, fügen Sie etwas mehr Mandelmilch hinzu.

9. KAROTTENKUCHEN SMOOTHIE BOWL

ZUTATEN

- ❖ 1 Tasse gehackte Romaine (ich hatte keine Romaine, also habe ich Spinat verwendet)
- ❖ 1 Tasse ungesüßte Kokosmilch
- ❖ 2 Tassen gehackte rohe Karotten
- ❖ 1 Tasse gehackte Ananas
- ❖ 1 Banane
- ❖ 2 Clementinen, geschält (auch nicht, also habe ich Mango verwendet)
- ❖ 1/2 Teelöffel Vanilleextrakt
- ❖ ein Schuss gemahlener Zimt und Muskatnuss

ANLEITUNG

1. Romaine (oder Spinat) und Kokosmilch glatt rühren.
2. Fügen Sie die restlichen Zutaten hinzu und mischen Sie sie erneut, bis sie glatt sind.
3. Top mit Pistazien und gerösteten Kokosnuss!

10. URLAUB DETOX GREEN APPLE SMOOTHIE

ZUTATEN

- ❖ 1 Banane (oder die Hälfte ist genug, wenn Sie Zucker beobachten)
- ❖ 1–2 Tassen Grünkohl, Stängel entfernt
- ❖ 1 Tasse Apfelwein (kein Zucker hinzugefügt - nur das echte Zeug)
- ❖ 1 Tasse Wasser oder Eis
- ❖ Sonderausstattungen: Flachsmehl, Nüsse (ich habe Pekannüsse verwendet), Nussbutter
- ❖ ein Schuss Zimt
- ❖ Granatapfelkerne zum Belegen

ANLEITUNG

1. Alle Befestigungen glatt rühren. Verwenden Sie Wasser für eine saftartige Oberfläche und Eis für einen Smoothie-ähnlichen Charakter. Fügen Sie alle zusätzlichen Artikel hinzu, die Sie für zusätzliches Protein, Ballaststoffe oder feste Fette benötigen.
2. Mischen Sie eine Rührei Zimt, oben mit Granatapfelkernen, und schätzen!

11. HONIG UND WILDER BLAUBEERSMOOTHIE

ZUTATEN

- ❖ 1 Banane, frisch oder gefroren
- ❖ 1 Tasse Mangostücke, frisch oder gefroren
- ❖ 1/2 Tasse wilde Blaubeeren, frisch oder gefroren
- ❖ 1/2 Tasse fettfreier griechischer Joghurt
- ❖ 1/2 Tasse Milch (oder gerade genug, um die Dinge reibungslos zu mischen)
- ❖ 1 gehäufter Esslöffel roher Honig (mehr nach Geschmack)
- ❖ 1/2 Tasse Grünkohl oder andere Add-Ins, die Sie wollen

ANLEITUNG

1. Geben Sie Bananen, Mangos, Blaubeeren, Joghurt und Milch in einen Mixer. Mixen, bis alles glatt ist. Fügen Sie den Grünkohl und den Honig hinzu; erneut mischen, bis alles glatt ist.
2. Wenn gewünscht (und besonders wenn alle Zutaten frisch statt gefroren waren), fügen Sie ein paar Eiswürfel hinzu, um das Volumen des Smoothies zu erhöhen und ihn gekühlt zu halten. Crush bis glatt.

12.BERRY GREEN SMOOTHIE

ZUTATEN

- ❖ 3 kleine Bananen
- ❖ 1/2 Tasse Milch
- ❖ 1–2 Handvoll Spinat
- ❖ 1 Tasse gefrorene Beeren (Blaubeeren, Brombeeren usw.)
- ❖ 1/2 Tasse Kleie Müsli wie All-Bran Original
- ❖ 1–2 Esslöffel Süßstoff (Zucker, Honig, Wissenswertes, Agave usw.)
- ❖ Eiswürfel (optional)

ANLEITUNG

1. Bananen und Milch glatt rühren. Fügen Sie Spinat hinzu und mischen Sie auf einer hohen Stufe, bis die überwiegende Mehrheit des Spinats in winzige Stücke getrennt wurde. Fügen Sie die gefrorenen Beeren hinzu und mischen Sie, bis die Smoothie-Kombination jeden einzelnen Ton hat.
2. Fügen Sie den Weizen und den Zucker hinzu; mischen, bis die gewünschte Konsistenz erreicht ist. Fügen Sie Eis-3D-Formen hinzu und mischen Sie sie erneut, bis sie glatt sind (nach Belieben - im Allgemeinen nicht).
3. Top mit zusätzlichen Blaubeeren und sofort servieren.

13. EINFACHER KOKOSGRÜNER SMOOTHIE

ZUTATEN

- ❖ 1 Tasse Bai5 Antioxidans Infusionen Molokai Coconut
- ❖ 1 gehäufte Tasse gefrorene Pfirsiche
- ❖ 1 Tasse Spinat
- ❖ 2 Esslöffel Flachsmehl

ANLEITUNG

1. Die Pfirsiche auftauen, damit sie noch gefroren und dennoch zart sind. Normalerweise stelle ich sie für 30 Sekunden bis zu einem Moment in die Mikrowelle oder vergesse sie für 15 bis 20 Minuten auf der Theke. Dies hilft der Oberfläche des Smoothie.

2. Mischen Sie die Bai5 Molokai Kokosnuss, die gefrorenen Pfirsiche, den Spinat und das Flachsabendessen 2-3 Minuten lang oder bis sie glatt sind. Schmecke und verändere dich durch deine Liebe. Sofort servieren oder kühlen.

14. DER BESTE WASSERMELONEN-SMOOTHIE DER WELT

ZUTATEN

- ❖ 2 Tassen gefrorene gewürfelte Wassermelone
- ❖ 1 Tasse Wasser
- ❖ 1 Esslöffel Honig oder andere Süßstoffe nach Geschmack
- ❖ ein paar Minz- und Basilikumblätter, wenn Sie es auf die nächste Stufe bringen wollen

ANLEITUNG

1. Die Wassermelone und das Wasser glatt rühren. Fügen Sie den Honig und die Minze hinzu und mischen Sie für weitere 10-20 Sekunden, bis eine meist weiche und matschige Konsistenz entsteht.
2. Sofort servieren!

15. MANGO SMOOTHIE REZEPT

ZUTATEN

- ❖ 1 ½ Tassen gefrorene Mangostücke
- ❖ 1 Esslöffel Chiasamen (optional)
- ❖ 1 ½ Tassen Flüssigkeit (Kokoswasser, Mandelmilch, Milch, Wasser)

ANLEITUNG

1. Alle Zutaten in einem Mixer vermischen und glatt rühren. Wenn der Mixer stecken bleibt, fügen Sie mehr Flüssigkeit hinzu, bis er wieder mischt.

16.GOJI PEACH CHERRY SMOOTHIE

ZUTATEN

- ❖ 1 Tasse gefrorene Kirschen
- ❖ ½ Tasse gefrorene Pfirsichscheiben
- ❖ 1 ¼ Tasse Mandelmilch
- ❖ 1 Esslöffel Goji-Beeren
- ❖ Optional
- ❖ 1 Esslöffel Chiasamen
- ❖ 1 Teelöffel gemahlener Flachs
- ❖ 1-2 Handvoll Spinat

ANLEITUNG

1. Alles in den Boden eines Mixers geben und glatt rühren.

17.CHAI-SPICED STRAWBERRY MANGO SMOOTHIE

ZUTATEN

- ❖ ¾ Tasse Mangostücke (gefroren)
- ❖ ¾ Tasse Erdbeeren (gefroren)
- ❖ 1 ¼ Tassen Mandelmilch (oder mehr nach Bedarf zum Mischen; gegen Milch oder Ihre Lieblingsmischflüssigkeit tauschen)
- ❖ ⅛ Teelöffel Chai-Gewürzmischung (siehe Anmerkungen *)
- ❖ ¼ Teelöffel Vanilleextrakt
- ❖ Optional
- ❖ 1 Esslöffel Chiasamen
- ❖ 1 Teelöffel gemahlener Flachs
- ❖ 1 Tasse Spinat

ANLEITUNG

1. Alle Zutaten in einen Mixer geben und glatt rühren

18.BLUEBERRY COCONUT WATER SMOOTHIE

ZUTATEN

- ❖ 1 ½ Tassen gefrorene Blaubeeren
- ❖ 1 Tasse Kokoswasser
- ❖ ½ Tasse Joghurt Vollfett oder Griechisch
- ❖ ¼ Teelöffel Kokosnussextrakt
- ❖ 1 Esslöffel Hanfherzen

ANLEITUNG

1. Alle Zutaten im Mixer vermischen und glatt rühren.

19. ENTZÜNDUNGSHEMMENDER KURKUMA-SMOOTHIE

ZUTATEN

- ❖ 1 ¼ Tassen Mandelmilch
- ❖ 1 Tasse Grünkohl oder Spinat verpackt
- ❖ ¼ Teelöffel Kurkuma
- ❖ 1 Prise schwarzer Pfeffer
- ❖ 1 Esslöffel Chiasamen
- ❖ 1 ½ Tassen Ananasstücke gefroren

ANLEITUNG

1. Die ersten 5 Zutaten in einem Mixer vermischen und glatt rühren.
2. Fügen Sie die Ananasstücke hinzu und mischen Sie sie erneut, bis sie vollständig glatt sind.

20. KETO GREEN SMOOTHIE

ZUTATEN

- ❖ 1 Tasse kaltes Wasser
- ❖ 1 Tasse Babyspinat
- ❖ 1/2 Tasse Koriander
- ❖ 1-Zoll-Ingwer - geschält
- ❖ 3/4 englische Gurke - geschält
- ❖ 1 / 2-1 Zitronenschale
- ❖ 1 Tasse gefrorene Avocado

ANLEITUNG

1. Alle Zutaten in einen Hochgeschwindigkeitsmixer geben und glatt rühren.
2. In einem luftdichten Behälter wie einem Einmachglas bis zu 3 Tage im Kühlschrank lagern.

21. SCHOKOLADEN-ERDNUSSBUTTER-BANANEN-SMOOTHIE

ZUTATEN

- ❖ 1 gefrorene Banane
- ❖ 1 Tasse Kokosmilch in der Eiswürfelschale eingefroren
- ❖ 3 EL rohes Kakaopulver
- ❖ 2 EL Hanfsamen
- ❖ 1 EL Erdnussbutter
- ❖ 1 / 2-1 Tasse Mandelmilch
- ❖ 1 EL Ahornsirup - (optional)

ANLEITUNG

1. Alle Zutaten in einen Mixer geben. Beginnen Sie mit der Zugabe von nur einer halben Tasse Mandelmilch und fügen Sie mehr hinzu, wenn Ihr Mixer die zusätzliche Flüssigkeit benötigt oder Sie Ihren Smoothie flüssiger mögen.
2. Servieren und genießen!

22. BLAUER SMOOTHIE

ZUTATEN

- ❖ 2 gefrorene Bananen
- ❖ 3 EL Hanfsamen
- ❖ 1 Tasse Mandelmilch - (oder Kokosmilch oder eine andere Milch Ihrer Wahl)
- ❖ 1-3 TL Butterfly Pea Tea Powder - (je nachdem wie blau Sie Ihren Smoothie wollen)

ANLEITUNG

1. Alle Zutaten in einen Hochgeschwindigkeitsmixer geben und servieren.

23. DRACHENFRUCHTSMOOTHIE

ZUTATEN
- ❖ 3/4 Tasse leichte Kokosmilch
- ❖ 1 Drachenfrucht
- ❖ 1 Tasse Brombeeren

ANLEITUNG
1. In der Nacht zuvor Kokosmilch in eine Eiswürfelschale geben und einfrieren, bis sie fest ist.
2. Drachenfrucht mit einem Messer oder von Hand schälen (wie im Video gezeigt).
3. Drachenfrucht, gefrorene Kokosmilchwürfel und Brombeeren in einen Hochgeschwindigkeitsmixer geben und glatt rühren.
4. Sofort servieren und genießen.

24. AVOCADO-SPINAT-SMOOTHIE

ZUTATEN

- ❖ 1 Tasse gewürfelte gefrorene Mango
- ❖ 1/2 Avocado
- ❖ 2 Hände voller Babyspinat
- ❖ 2-3 EL Proteinpulver
- ❖ 1 Tasse kaltes Wasser

ANLEITUNG

1. Alle Zutaten in den Mixer geben. Mixen, bis alles glatt ist. Sofort genießen.

25.BANANA SMOOTHIE

ZUTATEN

- ❖ 1/2 Tasse Eiswürfel
- ❖ große Bananen in Stücke geschnitten (gefroren oder frisch)
- ❖ 1/4 Ananas gewürfelt (gefroren oder frisch)
- ❖ 1 Tasse Ananassaft oder Apfelsaft

ANLEITUNG

1. Alle Zutaten glatt rühren. Kalt genießen!

26. ERDBEER BLUEBERRY SMOOTHIE

ZUTATEN

- ❖ 1/2 Tasse Magermilch
- ❖ 1/2 Tasse Blaubeeren frisch oder gefroren
- ❖ 1 Tasse Erdbeeren frisch oder gefroren
- ❖ 6 Unzen fettfreier Vanillejoghurt

ANLEITUNG

1. Milch, Blaubeeren, Erdbeeren und Joghurt in einen Mixer geben. Mixen, bis alles glatt ist! Wenn Sie ein neues Naturprodukt verwenden, müssen Sie möglicherweise Eis hinzufügen, um es zu verdicken. Schätzen Sie Kälte.

27.PEACH SMOOTHIE

ZUTATEN

- ❖ 1 mittelgroße Banane in Stücke geschnitten
- ❖ 1 reifer Pfirsich entkernt und in Scheiben geschnitten
- ❖ 1 (6) Unzen fettarmer Pfirsichjoghurt
- ❖ 1/4 Tasse Orangensaft
- ❖ 1 Tasse kleine Eiswürfel

ANLEITUNG

1. Kombinieren Sie alle Zutaten in einem Mixbehälter; 1 bis 2 Minuten mischen oder bis sie glatt und schaumig sind.

28.WASSERMELONEN-SMOOTHIE

ZUTATEN

- ❖ 1 1/2 Tassen Wassermelone gewürfelt
- ❖ 1 Tasse Erdbeeren geschnitten
- ❖ 1/2 Tasse Milch
- ❖ 1 TL Zitronensaft
- ❖ 2 SPLENDA Naturals Stevia Süßstoffpakete
- ❖ 1/2 Tasse Eis

ANLEITUNG

1. Alle Zutaten in einen Mixer geben und mischen, bis alles gut vermischt ist. Kalt servieren.

29. BLUEBERRY SMOOTHIE

ZUTATEN

- ❖ 1 Gefrorene Banane 10-15 Minuten aufgetaut
- ❖ 1/2 Tasse Magermilch
- ❖ 1 Tasse fettfreier Vanillejoghurt
- ❖ 1 1/2 TL Leinsamenmehl
- ❖ 2/3 Tasse Gefrorene Blaubeeren

ANLEITUNG

1. Schneiden Sie Ihre Banane in kleine Stücke. Fügen Sie Bananen, Milch, Joghurt und eine Leinsamenmahlzeit zu einem Mixer hinzu. 5-10 Sekunden schlagen, bis alles glatt ist. Fügen Sie nach und nach die Blaubeeren hinzu, während Sie auf niedriger Stufe mischen. Erhöhen Sie die Geschwindigkeit und mischen Sie, bis Sie die gewünschte Konsistenz erreicht haben.

30. ERDBEER OATMEAL SMOOTHIE

ZUTATEN

- ❖ 1 Tasse Magermilch
- ❖ 1/2 Tasse Haferflocken
- ❖ 1 Banane in Stücke gebrochen
- ❖ 1 Tasse gefrorene Erdbeeren
- ❖ 1/2 TL Vanilleextrakt
- ❖ 1 TL weißer Zucker

ANLEITUNG

1. Verwenden Sie einen Mixer, um Hafer zu mahlen.
2. Fügen Sie Milch, Hafer, Bananen und Erdbeeren hinzu; gut mischen.
3. Fügen Sie Vanille und Zucker hinzu, wenn Sie gewünscht werden. Mixen, bis alles glatt ist.
4. Kalt servieren

31.PEACH RASPBERRY SMOOTHIE

ZUTATEN

- ❖ 1 Tasse geschnittene Pfirsiche
- ❖ 1/2 Tasse gefrorene Himbeeren
- ❖ 1 Tasse Vanille ungesüßte Mandelmilch oder Milch Ihrer Wahl
- ❖ 1-2 Teelöffel Agave oder Honig je nach Süße Ihrer Pfirsiche
- ❖ 3-4 Eiswürfel

ANLEITUNG

1. Pfirsiche und Himbeeren in den Mixer geben
2. Milch, Agave oder Honig und Eiswürfel in den Mixer geben.
3. Mixen, bis alles glatt ist. Sofort servieren.

32.SECRET INGREDIENT GESUNDER SMOOTHIE

ZUTATEN

- ❖ 1 1/4 Tassen ungesüßte Vanille-Mandelmilch (oder Milch nach Wahl oder Kefir)
- ❖ 1 Banane geschält (frisch oder gefroren)
- ❖ 1 Tasse gefrorene Blaubeeren
- ❖ 1/2 Tasse gefrorene Blumenkohlröschen
- ❖ 1 Tasse Spinatblätter verpackt
- ❖ 1 Teelöffel Chiasamen
- ❖ 1 Teelöffel gemahlener Leinsamen
- ❖ 1 Messlöffel Vanilleproteinpulver optional

ANLEITUNG

1. Milch, Banane, Blaubeeren, Blumenkohl, Spinat, Chiasamen, gemahlenen Leinsamen und Proteinpulver, falls verwendet, in einen Mixer geben. Mixen, bis alles glatt ist. Wenn der Smoothie zu dick ist, können Sie etwas mehr Milch oder Wasser hinzufügen und erneut mischen, bis die gewünschte Konsistenz erreicht ist. In ein oder zwei Gläser füllen und sofort servieren.

33. BLACKBERRY LIME SMOOTHIE

ZUTATEN

- ❖ 1 Tasse Milch oder Mandelmilch
- ❖ 6 Unzen Yoplait Original französischer Vanillejoghurt
- ❖ 1/2 Teelöffel Limettenschale
- ❖ Saft einer großen Limette
- ❖ 1 Tasse frischer Spinat
- ❖ 1 Tasse gefrorene Brombeeren
- ❖ 1 gefrorene Banane

ANLEITUNG

1. Milch, Joghurt, Limettenschale, Limettensaft, Spinat, Brombeeren und Banane in den Mixer geben. Setzen Sie den Deckel auf und mischen Sie bis glatt. In Gläser füllen und sofort servieren.

2. Hinweis: Für Smoothies bewahre ich immer ungeschälte Bananen im Gefrierschrank auf. Wenn Sie keine gefrorene Banane haben, können Sie eine normale Banane verwenden und ein paar Eiswürfel hinzufügen.

34.PINEAPPLE COCONUT SMOOTHIE

ZUTATEN

- ❖ 2 Tassen gehackte frische Ananas
- ❖ 1/2 Tasse Kokosmilch
- ❖ 6 Unzen griechischer Vanille- oder Kokosjoghurt
- ❖ 2 Esslöffel Kokosnuss
- ❖ 1 Tasse Eis
- ❖ Geröstete Kokosnuss zum Garnieren, optional

ANLEITUNG

1. Kombinieren Sie die Ananas, Kokosmilch, Joghurt, Kokosnuss und Eis in einem Mixer. Mixen, bis alles glatt ist. Gießen Sie den Smoothie in zwei Gläser und garnieren Sie ihn bei Bedarf mit gerösteter Kokosnuss. Sofort servieren.

35. SCHOKOLADEN-HIMBEER-SMOOTHIE

ZUTATEN

- ❖ 1 Tasse Mandelbrise Schokolade ungesüßte Mandelmilch
- ❖ 1 mittelgefrorene Banane
- ❖ 1 Tasse gefrorene Himbeeren
- ❖ 2 Esslöffel holländisch verarbeitetes Kakaopulver
- ❖ Himbeeren und Streusel zum Servieren, falls gewünscht

ANLEITUNG

1. Alle Zutaten in einen Mixer geben und glatt rühren. Sofort servieren. Auf Wunsch mit Himbeeren und Streuseln garnieren!
2. Hinweis: Wir verwenden ungesüßte Mandelmilchschokoladenmandelmilch, und ich denke, sie ist reichlich süß. Wenn Sie ein süßeres Getränk wünschen, können Sie Almond Breeze normale Schokoladenmandelmilch verwenden.

36. HIMBEER-KOKOS-SMOOTHIE

ZUTATEN

- ❖ 1 Tasse Mandelbrise Ungesüßte Mandelmilch Kokosmilch
- ❖ 1 Tasse Himbeeren frisch oder gefroren
- ❖ 1/2 mittlere Banane
- ❖ 1/2 Tasse Spinat
- ❖ -2 Esslöffel Kokosnuss zum Garnieren

ANLEITUNG

1. Milch, Himbeeren, Banane und Spinat in den Mixer geben und glatt rühren. In ein Glas gießen und mit Kokosnuss garnieren. Sofort servieren.
2. Hinweis: Ich verwende frische Himbeeren. Ich mag es, ein paar Eiswürfel hineinzuwerfen, um einen dickeren / kälteren Smoothie zu bekommen.

37.GREEN SMOOTHIE BOWL

ZUTATEN

- ❖ 1/2 gefrorene Banane
- ❖ 1/2 Tasse gefrorene Ananas
- ❖ 1 Tasse Grünkohl
- ❖ 1/4 Avocado
- ❖ 1/2 Tasse Vollfett-Kokosmilch in Dosen
- ❖ Belag: Bananenananas, Müsli, Chiasamen, ungesüßte Kokosnuss

ANLEITUNG

1. Fügen Sie alle Zutaten außer den Belägen in den Mixer. 1-2 Minuten auf hoher Stufe mixen, bis sie dick und glatt sind. Wenn Sie keinen leistungsstarken Mixer haben, kann dies etwas länger dauern.
2. In eine große Schüssel geben und verschiedene Beläge hinzufügen. Sofort essen.

38. MOCHA PROTEIN SMOOTHIE BOWL

ZUTATEN

- ❖ 1 gefrorene Banane
- ❖ 1/2 Tasse Kokosmilch in Dosen und gut geschüttelt
- ❖ 1 Teelöffel Instantkaffeegranulat
- ❖ 1/2 Tasse gefrorener Blumenkohl
- ❖ 1/4 Avocado-Set oder Raumtemperatur
- ❖ 1 Messlöffel Schokoladenproteinpulver
- ❖ 2 Esslöffel ungesüßtes Kakaopulver
- ❖ Optionale Beläge: Bananenscheiben ungesüßte Kokosnuss, Chiasamen, dunkle Schokoladenstückchen, Müsli

ANLEITUNG

1. Alle Zutaten in einen leistungsstarken Mixer geben und 1-2 Minuten auf hoher Stufe mixen oder bis die Mischung glatt und klumpenfrei ist.
2. Gießen Sie in eine Schüssel und fügen Sie Ihre Beläge hinzu, wenn Sie verwenden. Sofort essen und genießen!

39.DRAGONFRUIT SMOOTHIE PITAYA BOWL

ZUTATEN

2 Packungen Pitaya
- ❖ 1 gefrorene Banane
- ❖ 1/2 Tasse gefrorene Erdbeeren
- ❖ 1/2 Tasse milchfreie Milch Ich habe Mandelmilch verwendet
- ❖ Belag: Bananen, Erdbeeren, Nüsse, Müsli, Chiasamen, andere Früchte und vieles mehr!

ANLEITUNG

1. Fügen Sie alle Zutaten außer den Belägen in den Mixer. 1-2 Minuten auf hoher Stufe mixen, bis sie dick und glatt sind. Wenn Sie keinen leistungsstarken Mixer haben, kann dies etwas länger dauern.
2. In große Schalen gießen und verschiedene Beläge hinzufügen. Sofort essen.

40. TROPISCHE KOKOSNUSS-SMOOTHIE-SCHÜSSEL

ZUTATEN

- ❖ 2 gefrorene Bananen
- ❖ 1 1/2 Tassen gefrorene Ananas
- ❖ 1 Tasse gefrorene Mango
- ❖ 1/2 Tasse Kokosmilch geschüttelt
- ❖ 2 Esslöffel Honig weglassen für eine vegane Option
- ❖ 1/4 Teelöffel Kokosnussextrakt
- ❖ Belag: Mango Müsli, Chiasamen, Kirschen, andere Früchte,

ANLEITUNG

1. Fügen Sie alle Zutaten außer den Belägen in den Mixer. 1-2 Minuten auf hoher Stufe mixen, bis sie dick und glatt sind. Wenn Sie keinen leistungsstarken Mixer haben, kann dies etwas länger dauern.
2. In eine große Schüssel geben und verschiedene Beläge hinzufügen. Sofort essen.

41.BERRY MANDEL SMOOTHIE SCHÜSSEL

ZUTATEN

- ❖ 1 1/2 Tassen gefrorene Beerenmischung
- ❖ 3 Esslöffel Mandelbutter
- ❖ 1 Banane in zwei Hälften geteilt
- ❖ 1/4 Tasse ungesüßte Kokosnuss
- ❖ 1/3 Tasse Vanille Mandelmilch
- ❖ 1/8 Tasse Chiasamen optional
- ❖ 1/8 Tasse Müsli optional
- ❖ 1/8 Tasse dunkle Schokoladenstückchen optional

ANLEITUNG

1. Die Beeren, die Mandelmargarine, die Hälfte der Banane, die Kokosnusstropfen und die Mandelmilch in den Mixer geben. Herzschlag bis glatt. Die Kombination wird dick sein. In eine riesige Schüssel geben und mit anderen Portionen Banane, stumpfen Schokoladenstückchen, Müsli, extra Kokosnuss und Chiasamen belegen.
2. Sofort essen!

42. EINFACHE PALEO GRANOLA

ZUTATEN

- ¼ Tasse Kokosöl geschmolzen
- ⅓ Tasse reiner Ahornsirup
- 1/3 Tasse cremige Cashewbutter
- 1 Teelöffel Zimt
- 2 Teelöffel Vanilleextrakt
- ½ Teelöffel koscheres Salz
- 2 Tassen Cashewnüsse grob gehackt
- 1 Tasse Pekannüsse grob gehackt
- 2 Esslöffel Chiasamen
- 2 Esslöffel Leinsamen
- 1 Tasse ungesüßte Kokosflocken

ANLEITUNG

1. Heizen Sie den Broiler auf 300 Grad F vor und stellen Sie ein Gestell in den Brennpunkt des Ofens.
2. In einer großen Schüssel das erweichte Kokosöl, den Ahornsirup, den Cashewaufstrich, den Zimt, die Vanille und das Salz verquirlen. Fügen Sie die Cashewnüsse, Walnüsse, Chiasamen, Leinsamen, Kokosnusschips und getrockneten Blaubeeren hinzu und mischen Sie alles gut, um sie zu bedecken.
3. Gießen und verteilen Sie die Mischung gleichmäßig auf einem massiven Vorbereitungsblatt und erhitzen Sie sie 45 Minuten lang. Mischen Sie sie wie am Schnürchen, um nicht zu konsumieren.
4. Wenn das Müsli sautiert und fertig gekocht ist, nehmen Sie es vom Herd und lassen Sie es vollständig abkühlen, um frisch zu werden.
5. In einem Fach mit undurchlässiger Versiegelung aufbewahren und 3 Wochen aufbewahren.

43. TROPICALE SMOOTHIE

ZUTATEN

- ❖ 1 Tasse Kokoswasser
- ❖ 1 Banane
- ❖ 1/2 Tasse gefrorene Ananasstücke
- ❖ 1/2 Tasse gefrorene Mangostücke
- ❖ 1/2 Tasse gefrorene Erdbeeren
- ❖ 1 Tasse Grünkohlblätter
- ❖ Handvoll Eis

ANLEITUNG

1. Stellen Sie alle Befestigungen mit den Flüssigkeiten der Basis in den Mixer und mischen Sie sie glatt und bis zu Ihrer idealen Konsistenz. Wenn es zu dick ist, fügen Sie mehr Flüssigkeit hinzu. Wenn es zu schlank ist, fügen Sie etwas Eis hinzu, um es zu verdicken, oder mehr gefrorene Naturprodukte.

44. HIMBEER-PFIRSICH-SPINAT-SMOOTHIE

ZUTATEN

- ❖ 1 1/3 Tasse ungesüßte Mandelmilch
- ❖ 1/3 Tasse normaler Kefir oder normaler griechischer Joghurt
- ❖ 3 entkernte Datteln
- ❖ 2/3 Tasse gefrorene Himbeeren
- ❖ 3/4 Tasse gefrorene Pfirsichscheiben
- ❖ Eine riesige Handvoll Baby-Spinatblätter
- ❖ OPTIONALE ADD-INS
- ❖ 1 Esslöffel Hanfherzen
- ❖ 1 Teelöffel Bienenpollen
- ❖ 1 Teelöffel Maca-Pulver
- ❖ 1-2 Esslöffel Ihrer Lieblingsnussbutter

ANLEITUNG

1. Alle Zutaten mit den Flüssigkeiten unten in den Mixer geben und glatt rühren, bis die gewünschte Konsistenz erreicht ist. Wenn zu dick, fügen Sie mehr Flüssigkeit hinzu. Wenn es zu dünn ist, fügen Sie etwas Eis hinzu, um es zu verdicken, oder mehr gefrorenes Obst.

45. BANANEN-ERDNUSSBUTTER UND DATTEL-SMOOTHIE

ZUTATEN

- ❖ 1 Tasse ungesüßte Mandelmilch
- ❖ 1 reife Banane
- ❖ 4-5 entkernte Daten
- ❖ 1 gefrorene Banane
- ❖ 2 Esslöffel natürliche cremige Erdnussbutter
- ❖ 1/4 - 1/2 Tasse Eis
- ❖ Optional: Ihr Lieblingsproteinpulver. Ich empfehle Vanille- oder Schokoladengeschmack, damit der Geschmack dieses Smoothies nicht zu stark beeinträchtigt wird.

ANLEITUNG

1. Alle Zutaten in einen Mixer (wie einen Vitamix) geben und glatt rühren. Wenn Sie es dünner mögen, fügen Sie mehr Mandelmilch hinzu.

46. PITAYA SMOOTHIE BOWL

ZUTATEN

- ❖ 1 Tasse Mandelmilch
- ❖ 1 Pitaya-Packung
- ❖ 2/3 Tasse gefrorenes Obst (ich habe eine Mischung aus Ananaspfirsichen und Mangos verwendet)
- ❖ Optionale Beläge: Mandelbutter, frisches Obst, Kokosflocken, Müsli

ANLEITUNG

1. Fügen Sie die Mandelmilch, die Pitaya-Packung und die gefrorenen Früchte in einen leistungsstarken Mixer. Mixen, bis alles glatt ist. Wenn Sie Ihren Smoothie auf der dickeren Seite mögen, fügen Sie mehr gefrorenes Obst hinzu. Wenn Sie Ihren Smoothie dünner haben möchten, fügen Sie mehr Mandelmilch / Flüssigkeit hinzu.
2. Top mit Ihren Lieblingsbelägen.

47. GEMISCHTE BERRY SMOOTHIE BOWL

ZUTATEN

- ❖ 1 Tasse Kokosmilchgetränk, nicht aus der Dose
- ❖ 2/3 Tasse gefrorene gemischte Beeren
- ❖ 1 große Banane
- ❖ 2 Esslöffel Cashewbutter oder Ihre Lieblingsnussbutter
- ❖ Ihre Lieblingsbeläge: Obst, Müsli, Chiasamen usw.

ANLEITUNG

1. Gießen Sie die Kokosmilch in den Boden des Mixbechers. Dann die gefrorenen Beeren, die Banane und die Cashewbutter darüber geben. Setzen Sie den Deckel sicher auf den Topf und mischen Sie, bis keine Stücke mehr übrig sind. Möglicherweise müssen Sie anhalten und umrühren, wenn es zu dick ist.
2. Gießen Sie den Smoothie in eine Schüssel und legen Sie die Beläge darauf.

48. PFIRSICHGRÜNER SMOOTHIE

ZUTATEN

- ❖ 2 Tassen Kokosmilchgetränk, NICHT die Kokosmilch in Dosen
- ❖ 2 Tassen gefrorene geschnittene Pfirsiche
- ❖ 2 gefrorene unterreife Bananen, in Scheiben geschnitten
- ❖ 1 Teelöffel geriebener frischer Ingwer, optional
- ❖ 2 Tassen locker verpackte Spinatblätter

ANLEITUNG

1. Gießen Sie die Kokosmilch in einen Mixer und fügen Sie die Pfirsiche, die Banane, den Ingwer (falls verwendet) und den Spinat hinzu.
2. Mixen, bis alles glatt ist.

49. GRÜNER MONSTER SMOOTHIE

ZUTATEN

- ❖ 2 Tassen gefrorenes Obst (ich habe gemischte Früchte verwendet, darunter Ananas-Trauben, Erdbeeren, Mangos und Pfirsiche)
- ❖ 1 Banane in Stücke gebrochen
- ❖ 1 1/2 Tasse Mandelmilch
- ❖ Große Handvoll Spinat

ANLEITUNG

1. Alles in den Mixer geben und glatt rühren. Wenn es stecken bleibt, schalten Sie es aus und brechen Sie es mit einem Spatel auf und starten Sie es erneut.

50. BELEUCHTETE MILCHFREIE ORANGE SMOOTHIE

ZUTATEN

- ❖ 6 gefrorene Trop50-Eiswürfel (ca. 3/4 Tasse)
- ❖ 1/2 Tasse vollfette Kokosmilch
- ❖ 1/3 Tasse ungesüßte Vanille-Mandelmilch
- ❖ 1 Orange, geschält (ohne Samen) + Schale
- ❖ Spritzer Vanilleextrakt

ANLEITUNG

1. Alle Zutaten in einen Mixer mit hohem Pulver geben.
2. Mixen und genießen!

FAZIT

Egal, ob Sie nach einer Möglichkeit suchen, Ihrer
täglichen Ernährung etwas Nahrung hinzuzufügen
oder mehr über Smoothies zu erfahren, um mit Ihrer
ersten Reinigung zu beginnen, Sie haben jetzt einige
ausgezeichnete Rezepte und Tipps, die Ihnen den
Einstieg erleichtern. Denken Sie jedoch daran, dies als
allgemeine Anleitung zu verwenden. Sobald Sie den
Dreh raus haben, können Sie Ihre eigenen
Mischungen zusammenstellen, die Ihrem Geschmack
und Ihren Gesundheitszielen entsprechen.

Das Smoothie-Rezeptbuch für Anfänger

50 Smoothie-Rezepte

Elvira Meyer

Alle Rechte vorbehalten.

Haftungsausschluss

Die enthaltenen Informationen sollen als umfassende Sammlung von Strategien dienen, über die der Autor dieses eBooks recherchiert hat. Zusammenfassungen, Strategien, Tipps und Tricks sind nur Empfehlungen des Autors. Das Lesen dieses eBooks garantiert nicht, dass die Ergebnisse genau den Ergebnissen des Autors entsprechen. Der Autor des eBooks hat alle zumutbaren Anstrengungen unternommen, um den Lesern des eBooks aktuelle und genaue Informationen zur Verfügung zu stellen. Der Autor und seine Mitarbeiter haften nicht für unbeabsichtigte Fehler oder Auslassungen. Das Material im eBook kann Informationen von Dritten enthalten. Materialien von Drittanbietern bestehen aus Meinungen, die von ihren Eigentümern geäußert wurden. Daher übernimmt der Autor des eBooks keine Verantwortung oder Haftung für Material oder Meinungen Dritter.

Das eBook unterliegt dem Copyright © 2021, alle Rechte vorbehalten. Es ist illegal, dieses eBook ganz oder teilweise weiterzugeben, zu kopieren oder abgeleitete Werke daraus zu erstellen. Keine Teile dieses Berichts dürfen ohne die ausdrückliche und unterschriebene schriftliche Genehmigung des Autors in irgendeiner Form reproduziert oder erneut übertragen werden.

EINFÜHRUNG

Ein Smoothie-Rezept ist ein Getränk, das mit einem Mixer aus püriertem rohem Obst und / oder Gemüse hergestellt wird. Ein Smoothie hat oft eine flüssige Basis wie Wasser, Fruchtsaft, Milchprodukte wie Milch, Joghurt, Eis oder Hüttenkäse.

1. MINZE ANANAS SMOOTHIE

ZUTATEN

- ❖ 200 g Ananas, geschält, entkernt und in Stücke geschnitten

- ❖ ein paar Pfefferminzbonbons gehen

- ❖ 50 g Baby-Spinatblätter

- ❖ 25 g Hafer

- ❖ 2 EL Leinsamen

- ❖ Handvoll ungesalzene, ungeröstete Cashewnüsse

- ❖ frischer Limettensaft nach Geschmack

ANWEISUNG

1. Alle Zutaten in einen Mixer mit 200 ml Wasser geben und glatt rühren. Wenn es zu dick ist, fügen Sie mehr Wasser (bis zu 400 ml) hinzu, bis Sie die richtige Mischung erhalten.

2. GRÜNE REGENBOGEN-SMOOTHIE-SCHÜSSEL

ZUTATEN

- ❖ 50 g Spinat

- ❖ 1 Avocado, gesteinigt, geschält und halbiert

- ❖ 1 reife Mango, gesteinigt, geschält und in Stücke geschnitten

- ❖ 1 Apfel, entkernt und in Stücke geschnitten

- ❖ 200 ml Mandelmilch

- ❖ 1 Drachenfrucht, geschält und in gleichmäßige Stücke geschnitten

- ❖ 100 g gemischte Beeren (wir haben Erdbeeren, Himbeeren und Blaubeeren verwendet)

ANWEISUNG

1. Den Spinat, die Avocado, die Mango, die Apfel- und Mandelmilch in einen Mixer geben und glatt und dick blitzen. Auf zwei Schalen verteilen und mit den Drachenfrüchten und Beeren belegen.

3. TROPISCHE SMOOTHIE-SCHÜSSEL

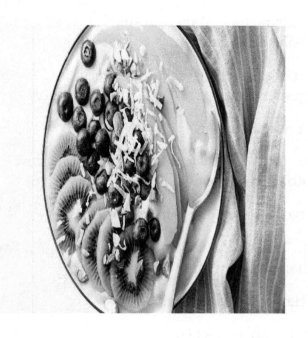

ZUTATEN

- ❖ 1 kleine reife Mango, gesteinigt, geschält und in Stücke geschnitten

- ❖ 200 g Ananas, geschält, entkernt und in Stücke geschnitten

- ❖ 2 reife Bananen

- ❖ 2 EL Kokosjoghurt (kein Joghurt mit Kokosgeschmack)

- ❖ 150ml Kokosnusstrinkmilch

- ❖ 2 Passionsfrüchte, halbiert, Samen herausgeschöpft

- ❖ Handvoll Blaubeeren

- ❖ 2 EL Kokosflocken

- ❖ ein paar Minzblätter

ANLEITUNG

1. Mango, Ananas, Bananen, Joghurt und Kokosmilch in einen Mixer geben und glatt und dick blitzen. In zwei Schalen gießen und mit Passionsfrucht, Blaubeeren, Kokosflocken und Minzblättern dekorieren. Wird 1 Tag im Kühlschrank aufbewahrt. Fügen Sie die Beläge kurz vor dem Servieren hinzu.

4. KURKUMA-SMOOTHIE-SCHÜSSEL

ZUTATEN

- ❖ 10 cm frische Kurkuma oder 2 TL gemahlene Kurkuma

- ❖ 3 EL Kokosmilchjoghurt (wir haben Co Yoh verwendet) oder die Sahne, die von der Oberseite der Kokosmilchkonserven abgeschöpft wurde

- ❖ 50 g glutenfreier Hafer

- ❖ 1 EL Cashewbutter (oder eine Handvoll Cashewnüsse)

- ❖ 2 Bananen, geschält und grob gehackt

- ❖ ½ TL gemahlener Zimt

- ❖ 1 EL Chiasamen oder gehackte Nüsse zum Servieren

ANWEISUNG

1. Falls verwendet, die Kurkuma-Wurzel schälen und reiben. Alle Zutaten in einen Mixer mit 600 ml Wasser geben und glatt rühren. In einer Schüssel mit Chiasamen oder gehackten Nüssen bestreuen.

5. CREMIGER MANGO & KOKOS SMOOTHIE

ZUTATEN

- ❖ 200 ml (½ großes Glas) Kokosmilch (wir haben Kara Dairy Free verwendet)

- ❖ 4 EL Kokosmilchjoghurt (wir haben Coyo verwendet)

- ❖ 1 Banane

- ❖ 1 EL gemahlener Leinsamen, Sonnenblumen und Kürbiskerne (wir haben Linwood's verwendet)

- ❖ 120 g (¼ Beutel) gefrorene Mangostücke

- ❖ 1 Passionsfrucht zum Schluss (optional)

ANWEISUNG

1. Messen Sie alle Zutaten oder verwenden Sie ein hohes Glas für die Geschwindigkeit - sie müssen nicht genau sein. In einen Mixer geben und glatt rühren. Gießen Sie in 1 hohes Glas (Sie haben genug für ein Nachfüllen) oder zwei kurze Becher. Schneiden Sie die Passionsfrucht bei Verwendung in zwei Hälften und kratzen Sie die Samen darüber.

6. SUPER BERRY SMOOTHIE

ZUTATEN

- ❖ 450g Beutel gefrorene Beere

- ❖ 450 g fettfreier Erdbeerjoghurt

- ❖ 100 ml Milch

- ❖ 25 g Haferbrei

- ❖ 2 TL Honig (optional)

ANWEISUNG

1. Die Beeren, den Joghurt und die Milch mit einem Stabmixer glatt rühren. Rühren Sie sich durch den Haferbrei, gießen Sie ihn in 4 Gläser und servieren Sie ihn mit einem Spritzer Honig, wenn Sie möchten.

7. BLACKBERRY & ROTE BEETE SMOOTHIE

ZUTATEN

- ❖ 250 ml Kokoswasser

- ❖ Prise gemahlenen Zimt

- ❖ ¼ TL gemahlene Muskatnuss

- ❖ 4cm Stück frischer Ingwer, geschält

- ❖ 1 EL geschälte Hanfsamen

- ❖ 2 kleine gekochte Rote Beete, grob gehackt

- ❖ kleine Handvoll Brombeeren

- ❖ 1 Birne, grob gehackt

- ❖ kleine Handvoll Grünkohl

ANWEISUNG

1. Geben Sie das Kokoswasser mit den Gewürzen und dem frischen Ingwer in Ihren Mixer. Die restlichen Zutaten dazugeben und glatt rühren. Fügen Sie mehr Flüssigkeit hinzu, wenn Sie eine dünnere Konsistenz bevorzugen. In Gläser füllen und servieren.

8.VITAMIN BOOSTER SMOOTHIE

ZUTATEN

- ❖ 1 Orange, geschält und grob gehackt

- ❖ 1 große Karotte, geschält und grob gehackt

- ❖ 2 Stangen Sellerie, grob gehackt

- ❖ 50 g Mango, grob gehackt

- ❖ 200 ml Wasser

- ❖ Methode

ANWEISUNG

1. Geben Sie die gesamte Orange, Karotte, Sellerie und Mango in den Mixer, füllen Sie Wasser nach und blitzen Sie sie glatt.

9.BERRY SMOOTHIE WÜRFEL

ZUTATEN

- ❖ Brombeeren

- ❖ Erdbeeren

- ❖ Himbeeren, Passionsfrucht

- ❖ Mango

- ❖ alle anderen Früchte, die Sie mögen

ANWEISUNG

1. Eine Frucht pürieren (Brombeeren, Erdbeeren, Himbeeren, Passionsfrucht und Mango in einer Küchenmaschine probieren, Pips einwirken lassen oder sieben.

2. In Eisschalen einfrieren (3 pro Portion) mit einer Banane, 150 ml Joghurt und Milch und Honig nach Geschmack.

10.PEACH MELBA SMOOTHIE

ZUTATEN

- ❖ 410 g können Pfirsichhälften pfirsichen

- ❖ 100 g gefrorene Himbeere plus einige zum Garnieren

- ❖ 100 ml Orangensaft

- ❖ 150 ml frischer Pudding sowie ein Löffel zum Garnieren

ANWEISUNG

1. Pfirsiche abtropfen lassen, abspülen und in einen Mixer mit Himbeeren geben. Fügen Sie Orangensaft und frischen Pudding hinzu und rühren Sie zusammen.

2. Über Eis gießen, mit einem weiteren Löffel Pudding und ein paar Himbeeren garnieren. Am besten gekühlt serviert.

11. BANANEN-, CLEMENTINEN- UND MANGO-SMOOTHIE

ZUTATEN

- ❖ ca. 24 saftige Clementine plus eine zusätzliche zur Dekoration

- ❖ 2 kleine, sehr reife und saftige Mangos

- ❖ 2 reife Bananen

- ❖ 500 g Vollmilch oder fettarmer Joghurt

- ❖ Handvoll Eiswürfel (optional)

ANWEISUNG

1. Halbieren Sie die Clementine und drücken Sie den Saft aus - Sie sollten ungefähr 600 ml / 1 Pint haben. (Dies kann in der Nacht zuvor geschehen.) Schälen Sie die Mangos, schneiden Sie die Früchte vom Stein in der Mitte ab und hacken Sie das Fruchtfleisch in grobe Stücke. Die Bananen schälen und in Scheiben schneiden.

2. Clementinensaft, Mangofleisch, Bananen, Joghurt und Eiswürfel in einen Liquidator geben und glatt rühren. In sechs Gläser füllen und servieren. (Je nach Größe Ihres Liquidators müssen Sie dies möglicherweise in zwei Chargen herstellen.) Wenn Sie keine Eiswürfel hinzufügen, kühlen Sie diese bis zum Servieren im Kühlschrank.

12.AÇAÍ SMOOTHIE

ZUTATEN

- ❖ 100 g rohes, gefrorenes, ungesüßtes Açai-Fruchtfleisch, aufgetaut

- ❖ 50 g gefrorene Ananas

- ❖ 100g Erdbeere

- ❖ 1 mittlere Banane

- ❖ 250 ml Mango oder Orangensaft

- ❖ 1 EL Agavennektar oder Honig

ANWEISUNG

1. Alle Zutaten in den Mixer oder eine Küchenmaschine geben. Mixen, bis alles glatt ist. Wenn es zu dick ist, fügen Sie etwas mehr Mango oder Orangensaft hinzu. In 2 großen Gläsern servieren.

13. MANGO & PASSIONSFRUCHT-SMOOTHIE

ZUTATEN

- ❖ 400 g geschälte und gehackte reife Mango

- ❖ 2 x 125 g Töpfe fettfreier Mango-Joghurt

- ❖ 250 ml Magermilch

- ❖ Saft 1 Limette

- ❖ 4 Passionsfrüchte, halbiert

ANWEISUNG

1. Mango, Joghurt und Milch in einem Mixer glatt rühren. Den Limettensaft einrühren und in 4 Gläser füllen. Schaufeln Sie das Fruchtfleisch einer Passionsfrucht in jedes und schwenken Sie es vor dem Servieren.

14. WALDFRUCHT & BANANEN-SMOOTHIE

ZUTATEN

- ❖ gefrorene Früchte des Waldes

- ❖ Banane, in Scheiben geschnitten

- ❖ fettarme Früchte des Waldjoghurts

ANWEISUNG

1. Gefrorene Früchte des Waldes und geschnittene Bananen in einer Küchenmaschine mit fettarmen Früchten des Waldjoghurts verquirlen.

15.SMOOTHIE-GELEES MIT EIS

ZUTATEN

- ❖ 6 Blatt Blattgelatine

- ❖ 1l Flasche Orangen-, Mango- und Passionsfrucht-Smoothie (wir haben Innocent verwendet)

- ❖ Dienen

- ❖ 500 ml Wanne Vanilleeis von guter Qualität wie Green & Black's (möglicherweise brauchen Sie nicht alles)

ANWEISUNG

1. Die Blattgelatine in eine Schüssel geben und mit kaltem Wasser bedecken. Einige Minuten einwirken lassen, bis sie weich und schlapp sind. In der Zwischenzeit den Smoothie vorsichtig in einem Topf erhitzen, ohne zu kochen. Nehmen Sie die Hitze ab. Heben Sie die Gelatine aus dem Wasser, drücken Sie das überschüssige Wasser heraus und geben Sie es in die Smoothie-Pfanne. Gut umrühren, bis alles glatt ist, dann in 12 Formen, Töpfe oder Gläser gießen oder 24 Töpfe in Schnapsglasgröße verwenden. Zum Abbinden mindestens 1 Stunde kalt stellen.

2. Für perfekte Mini-Eiskugeln tauchen Sie einen Esslöffel Messlöffel in eine Tasse heißes Wasser und schütteln Sie den Überschuss ab. Schaufeln

Sie das Eis und tauchen Sie den Löffel jedes Mal in heißes Wasser. Servieren Sie jedes Smoothie-Gelee mit Eis.

16. BANANEN-, HONIG- UND HASELNUSS-SMOOTHIE

ZUTATEN

- ❖ 1 geschälte, geschnittene Banane

- ❖ 250 ml Sojamilch

- ❖ 1 TL Honig

- ❖ ein wenig geriebene Muskatnuss

- ❖ 2 TL gehackte Haselnüsse zum Servieren

ANWEISUNG

1. Die Banane mit Sojamilch, Honig und etwas geriebener Muskatnuss glatt rühren. In zwei große Gläser füllen und mit den gerösteten, gehackten Haselnüssen belegen.

17. FRÜHSTÜCKS-SUPER-SHAKE

ZUTATEN

- ❖ 100 ml Vollmilch
- ❖ 2 EL Naturjoghurt
- ❖ 1 Banane
- ❖ 150g gefrorene Früchte des Waldes
- ❖ 50 g Blaubeeren
- ❖ 1 EL Chiasamen
- ❖ ½ TL Zimt
- ❖ 1 EL Goji-Beeren
- ❖ 1 TL gemischte Samen
- ❖ 1 TL Honig (idealerweise Manuka)

ANWEISUNG

1. Die Zutaten in einen Mixer geben und glatt rühren. In ein Glas gießen und genießen!

18. MANDELMILCH

ZUTATEN

❖ 150g ganze Mandeln

ANWEISUNG

1. Die Mandeln in eine große Schüssel geben und mit Wasser bedecken, dann die Schüssel abdecken und über Nacht oder mindestens 4 Stunden einweichen lassen.

2. Am nächsten Tag die Mandeln abtropfen lassen und abspülen, dann in einen Mixer mit 750 ml kaltem Wasser geben. Alles glatt rühren. Gießen Sie die Mischung über einen Krug in ein mit Musselin ausgekleidetes Sieb und lassen Sie es durchtropfen. Rühren Sie die Mischung vorsichtig mit einem Löffel um, um den Vorgang zu beschleunigen.

3. Wenn der größte Teil der Flüssigkeit in den Krug gelangt ist, sammeln Sie die Seiten des Musselins und drücken Sie sie mit beiden Händen fest zusammen, um den Rest der Milch zu extrahieren.

19. EINFACHER SCHOKOLADENFONDANTKUCHEN

ZUTATEN

- ❖ 150 ml Sonnenblumenöl plus extra für die Dose
- ❖ 175g selbstaufsteigendes Mehl
- ❖ 2 EL Kakaopulver
- ❖ 1 TL Bicarbonat Soda
- ❖ 150 g Puderzucker
- ❖ 2 EL goldener Sirup
- ❖ 2 große Eier, leicht geschlagen
- ❖ 150 ml Magermilch

Für das Sahnehäubchen

- ❖ 100 g ungesalzene Butter
- ❖ 225 g Puderzucker
- ❖ 40 g Kakaopulver
- ❖ 2½ EL Milch (bei Bedarf etwas mehr)

ANWEISUNG

1. Heizen Sie den Ofen auf 180 ° C / 160 ° C (Ventilator / Gas). Mehl, Kakaopulver und Soda-Bicarbonat in eine Schüssel sieben. Den Puderzucker hinzufügen und gut mischen.

2. Machen Sie einen Brunnen in der Mitte und fügen Sie den goldenen Sirup, Eier, Sonnenblumenöl und Milch hinzu. Mit einem elektrischen Schneebesen gut schlagen, bis alles glatt ist.

3. Gießen Sie die Mischung in die beiden Dosen und backen Sie sie 25 bis 30 Minuten lang, bis sie aufgegangen ist und sich fest anfühlt. Aus dem Ofen nehmen und 10 Minuten abkühlen lassen, bevor sie auf ein Kühlregal gestellt werden.

4. Um das Sahnehäubchen zu machen, schlagen Sie die ungesalzene Butter in einer Schüssel, bis sie weich ist. Nach und nach Puderzucker und Kakaopulver sieben und einrühren, dann genug Milch hinzufügen, um die Puderzucker locker und streichfähig zu machen.

5. Sandwich die beiden Kuchen zusammen mit dem Butterglasur und bedecken Sie die Seiten und die Oberseite des Kuchens mit mehr Zuckerglasur.

20.FAUX GRAS MIT TOAST & GURKEN

ZUTATEN

- ❖ 100 g Butter, erweicht
- ❖ 300 g Bio-Hühner- oder Entenleber, geschnitten, gereinigt und trocken getupft

Dienen

- ❖ geschnittene Brioche oder Sauerteig
- ❖ Cornichons
- ❖ Chutney
- ❖ Meersalzflocken

ANWEISUNG

1. Erhitze 50 g Butter in einer Pfanne, bis sie brutzelt, füge die Lebern hinzu und brate sie 4 Minuten lang, bis sie außen gefärbt und in der Mitte leicht rosa sind. Lassen Sie es abkühlen und geben Sie den Inhalt der Pfanne in eine Küchenmaschine oder einen Smoothie-Mixer. Großzügig mit Salz würzen und die restliche Butter hinzufügen. Blitz, bis Sie ein glattes Püree haben, dann in einen Behälter kratzen, glatt streichen und in den Kühlschrank stellen, um mindestens 2 Stunden lang zu kühlen. Kann einen Tag vorher gemacht werden.

2. Zum Servieren Brioche- oder Sauerteigscheiben braten und Cornichons und Chutney in kleine

Töpfe geben. Geben Sie einen großen Löffel in eine Tasse heißes Wasser. Wie beim Servieren von Eis einen Löffel Faux Gras auf jeden Teller schöpfen und den Löffel nach jeder Schaufel ins Wasser tauchen. Streuen Sie ein paar Salzflocken über jede Kugel und servieren Sie sie mit Toast, Cornichons und Chutney.

21. ERDBEER ACAI SMOOTHIE

ZUTATEN

- ❖ Unzen Packung gefroren Acai
- ❖ 1 Banane
- ❖ 1 Tasse Erdbeeren
- ❖ 3/4 Tasse Mandelmilch oder Cashewmilch

ANLEITUNG

1. Alle Zutaten in einen leistungsstarken Mixer geben und glatt rühren.

22. POST WORKOUT GREEN SMOOTHIE

ZUTATEN

- ❖ 2 Tassen gefiltertes Wasser
- ❖ 2 Tassen Babyspinat
- ❖ 1 Banane, in Scheiben geschnitten und gefroren
- ❖ 1 grüner Apfel
- ❖ 1/4 Avocado
- ❖ 2 EL Kollagenpulver
- ❖ 2 EL Proteinpulver
- ❖ 2 EL Chiasamen

ANLEITUNG

1. Alle Zutaten in einen leistungsstarken Mixer geben.

2. 30 Sekunden lang oder glatt rühren.

23.SPICED PERSIMMON SMOOTHIE

ZUTATEN

- ❖ 2 reife Fuyu-Kakis

- ❖ 1 Banane, gefroren

- ❖ 1 Tasse Mandelmilch, Cashewmilch oder eine andere Nussmilch

- ❖ 1/4 TL Ingwer

- ❖ 1/4 TL Zimt

- ❖ Prise gemahlene Nelken

ANLEITUNG

1. Die Kakis waschen und den Stiel abschneiden. Fügen Sie sie zusammen mit allen anderen Zutaten zu einem leistungsstarken Mixer hinzu und mixen Sie sie eine Minute lang.

2. Optional können Sie die Innenseite eines Glases mit einer dünnen Kaki-Scheibe garnieren.

24.GOLDENE RÜBEN-, KAROTTEN- UND TURMERISCHE SMOOTHIE

ZUTATEN

- ❖ 2 goldene Rüben, gehackt

- ❖ 1 große Karotte, gehackt

- ❖ 1 Banane, geschält, in Scheiben geschnitten und gefroren

- ❖ 4 Mandarinen, geschält

- ❖ 1 Zitrone, entsaftet

- ❖ 1/4 TL Kurkumapulver

- ❖ 1 1/2 Tasse kaltes Wasser

OPTIONALES TOPPING

- ❖ geriebene Karotte

- ❖ Hanfsamen

ANLEITUNG

1. Alle Zutaten in einen leistungsstarken Mixer geben und glatt rühren.

2. In Gläser füllen und optionale Beläge hinzufügen

25. SCHOKOLADE COLLAGEN SMOOTHIE

ZUTATEN

- ❖ 2 Tassen Kokosmilch oder andere Milch

- ❖ 1 gefrorene Banane

- ❖ 2 EL Mandelbutter

- ❖ 1/4 Tasse rohes Kakaopulver

- ❖ 2 Messlöffel oder mehr Vitalproteine Collagen Peptides

ANLEITUNG

1. Alle Zutaten in einen leistungsstarken Mixer geben und glatt rühren.

26.CASHEW DATE SHAKE (VEGAN, PALEO)

ZUTATEN

- ❖ 2/3 Tasse rohe Cashewnüsse, 2-4 Stunden eingeweicht

- ❖ 6 Medjool-Datteln, 10 Minuten lang entkernt und eingeweicht

- ❖ 1 Banane, in Scheiben geschnitten und gefroren

- ❖ 3/4 Tasse Wasser

- ❖ 2 Tassen Eis

- ❖ 1 TL Vanilleextrakt

- ❖ 1/4 TL Muskatnuss

- ❖ eine Prise Zimt

- ❖ Prise Meersalz

ANLEITUNG

1. Sobald Ihre Cashewnüsse und Datteln eingeweicht und abgetropft sind, geben Sie sie in einen leistungsstarken Mixer. Fügen Sie die restlichen Zutaten hinzu und mischen Sie alles hoch, bis es dick und cremig ist.

27.DARK CHERRY SMOOTHIE BOWL

ZUTATEN

- ❖ Tassen gefrorene Kirschen, entkernt

- ❖ 1 Banane

- ❖ 1/2 Tasse Kokoswasser

OPTIONALES TOPPING

- ❖ ganze Kirschen

- ❖ Kokosnussflocken

- ❖ gehobelte Mandeln

- ❖ rohe Kakaonibs

ANLEITUNG

1. Fügen Sie die gefrorenen Kirschen, Bananen und Kokoswasser in einen leistungsstarken Mixer. Mixen, bis alles glatt ist.

2. Gießen Sie die Smoothie-Mischung in eine Schüssel und fügen Sie die Beläge hinzu.

28. PITAYA SMOOTHIE BOWL

ZUTATEN

- 2 Pitaya Plus-Packungen
- 1 Banane
- 4 Erdbeeren
- 3/4 Tasse Kokoswasser

OPTIONALE TOPPINGS

- Erdbeeren
- Kiwi
- Cashewkerne
- Kokosnuss

ANLEITUNG

1. Die gefrorene Pitaya, Banane, Erdbeeren und das Kokoswasser in einen leistungsstarken Mixer geben. Eine Minute lang auf hoher Stufe mixen, bis alles gut vermischt ist.

2. Gießen Sie Ihren Pitaya-Smoothie in eine Schüssel und fügen Sie Ihre Beläge hinzu.

29. GESUNDER KAKAO, BANANE, PB SMOOTHIE

ZUTATEN

- ❖ 1 Tasse Milch

- ❖ ½ gehackte gefrorene Banane oder mehr nach Geschmack

- ❖ 2 Esslöffel Erdnussbutter

- ❖ 2 Teelöffel ungesüßtes Kakaopulver

- ❖ 1 Teelöffel Honig

ANWEISUNG

1. Milch, Banane, Erdnussbutter, Kakaopulver und Honig in einem Mixer glatt rühren.

30. KURKUMA LATTE

ZUTATEN

- ❖ 1 Tasse ungesüßte Mandelmilch oder Kokosmilchgetränk

- ❖ 1 Esslöffel geriebene frische Kurkuma

- ❖ 2 Teelöffel reiner Ahornsirup oder Honig

- ❖ 1 Teelöffel geriebener frischer Ingwer

- ❖ Prise gemahlener Pfeffer

- ❖ 1 Prise gemahlener Zimt zum Garnieren

ANLEITUNG

1. Kombinieren Sie Milch, Kurkuma, Ahornsirup (oder Honig), Ingwer und Pfeffer in einem Mixer. Auf hoher Stufe ca. 1 Minute lang sehr glatt verarbeiten. In einen kleinen Topf gießen und bei mittlerer bis hoher Hitze dampfend heiß, aber nicht kochend erhitzen. In einen Becher geben. Nach Belieben mit einer Prise Zimt garnieren.

31.FRUIT & JOGHURT SMOOTHIE

ZUTATEN

- ❖ 3/4 Tasse fettfreier Naturjoghurt

- ❖ 1/2 Tasse 100% reiner Fruchtsaft

- ❖ 1 1/2 Tassen gefrorenes Obst wie Blaubeeren, Himbeeren, Ananas oder Pfirsiche

ANLEITUNG

1. Joghurt mit Saft in einem Mixer glatt pürieren. Fügen Sie bei laufendem Motor Obst durch das Loch im Deckel hinzu und pürieren Sie weiter, bis alles glatt ist.

32.UNICORN SMOOTHIE

ZUTATEN

- ❖ 1 ½ Tassen fettarme Milch, geteilt

- ❖ 1 ½ Tassen fettarmer Vanillejoghurt, geteilt

- ❖ 3 große Bananen, geteilt

- ❖ 1 Tasse gefrorene Brombeeren oder Blaubeeren

- ❖ 1 Tasse gefrorene Mangostücke

- ❖ 1 Tasse gefrorene Himbeeren oder Erdbeeren

- ❖ Sternfrucht, Kiwi, gemischte Beeren und Chiasamen zum Garnieren

ANWEISUNG

1. Kombinieren Sie jeweils eine halbe Tasse Milch und Joghurt, 1 Banane und Brombeeren (oder Blaubeeren) in einem Mixer. Mixen, bis alles glatt ist. Die Mischung auf 4 große Gläser verteilen. In den Gefrierschrank stellen. Spülen Sie den Mixer aus.

2. Kombinieren Sie je 1/2 Tasse Milch und Joghurt, 1 Bananen- und Mangostück im Mixer. Mixen, bis alles glatt ist. Verteilen Sie die Mischung über die lila Schicht in den Gläsern. Stellen Sie die Gläser wieder in den Gefrierschrank. Spülen Sie den Mixer aus.

3. Kombinieren Sie die restlichen 1/2 Tasse Milch und Joghurt, die restlichen Bananen und

Himbeeren (oder Erdbeeren) im Mixer. Mixen, bis alles glatt ist. Verteilen Sie die Mischung über die gelbe Schicht in den Gläsern. Führen Sie einen Spieß um die Kanten, um die Schichten leicht zu verwirbeln.

4. Wenn gewünscht, arrangieren Sie Sternfruchtscheiben, Kiwischeiben und Beeren auf 4 Holzspießen, um jedes Glas zu garnieren. Auf Wunsch mit Chiasamen bestreuen.

33. SCHOKOLADEN-BANANEN-PROTEIN-SMOOTHIE

ZUTATEN

- ❖ 1 Banane, gefroren
- ❖ ½ Tasse gekochte rote Linsen
- ❖ ½ Tasse fettfreie Milch
- ❖ 2 Teelöffel ungesüßtes Kakaopulver
- ❖ 1 Teelöffel reiner Ahornsirup

RICHTUNGEN

1. Kombinieren Sie Banane, Linsen, Milch, Kakao und Sirup in einem Mixer.

2. Pürieren, bis alles glatt ist.

34.CREAMSICLE BREAKFAST SMOOTHIE

ZUTATEN

- ❖ 1 Tasse kaltes reines Kokoswasser ohne Zucker-oder Geschmackszusatz (siehe Tipp)

- ❖ 1 Tasse fettfreier griechischer Vanillejoghurt

- ❖ 1 Tasse gefrorene oder frische Mangostücke

- ❖ 3 Esslöffel gefrorenes Orangensaftkonzentrat

- ❖ 2 Tassen Eis

RICHTUNGEN

1. Kokoswasser, Joghurt, Mango, Orangensaftkonzentrat und Eis in einem Mixer glatt rühren.

35.BERRY-COCONUT SMOOTHIE

ZUTATEN

- ❖ ½ Tasse gekochte rote Linsen (siehe Tipps), abgekühlt

- ❖ ¾ Tasse ungesüßtes Vanille-Kokosmilch-Getränk

- ❖ ½ Tasse gefrorene gemischte Beeren

- ❖ ½ Tasse gefrorene Bananenscheiben

- ❖ 1 Esslöffel ungesüßte Kokosraspeln plus mehr zum Garnieren

- ❖ 1 Teelöffel Honig

- ❖ 3 Eiswürfel

RICHTUNGEN

1. Legen Sie Linsen, Kokosmilch, Beeren, Bananen, Kokosnuss, Honig und Eiswürfel in einen Mixer. 2 bis 3 Minuten auf hoher Stufe mixen, bis alles sehr glatt ist. Nach Belieben mit mehr Kokosnuss garnieren.

36. KAROTTEN-SMOOTHIE

ZUTATEN

- ❖ 1 Tasse geschnittene Karotten
- ❖ ½ Teelöffel fein zerkleinerte Orangenschale
- ❖ 1 Tasse Orangensaft
- ❖ 1 ½ Tassen Eiswürfel
- ❖ 3 (1 Zoll) Stück Orangenschalenlocken

RICHTUNGEN

1. In einem abgedeckten kleinen Topf Karotten in einer kleinen Menge kochendem Wasser etwa 15 Minuten lang oder bis sie sehr zart sind kochen. Gut abtropfen lassen. Cool.

2. Die abgetropften Karotten in einen Mixer geben. Fügen Sie fein zerkleinerte Orangenschale und Orangensaft hinzu. Abdecken und glatt rühren. Eiswürfel hinzufügen; abdecken und glatt rühren. In Gläser füllen. Falls gewünscht, mit Orangenschalenlocken garnieren.

37.HONEYDEW SMOOTHIE BOWL

ZUTATEN

- ❖ 4 Tassen gefrorener gewürfelter Honigtau (1/2-Zoll-Stücke)

- ❖ ½ Tasse ungesüßtes Kokosmilchgetränk

- ❖ ⅓ Tasse grüner Saft wie Weizengras

- ❖ 1 Esslöffel Honig

- ❖ Prise Salz

- ❖ Melonenkugeln, Beeren, Nüsse und / oder frisches Basilikum zum Garnieren

ANLEITUNG

1. Kombinieren Sie Honigtau, Kokosmilch, Saft, Honig und Salz in einer Küchenmaschine oder einem Hochgeschwindigkeitsmixer. Wechseln Sie zwischen Pulsieren und Mischen, halten Sie an, um die Seiten nach Bedarf zu rühren und abzukratzen, bis sie 1 bis 2 Minuten dick und glatt sind. Servieren Sie den Smoothie mit mehr Melone, Beeren, Nüssen und / oder Basilikum, falls gewünscht.

38. ERDNUSSBUTTER & GELEE SMOOTHIE

ZUTATEN

- ½ Tasse fettarme Milch

- ⅓ Tasse fettfreier griechischer Joghurt

- 1 Tasse Babyspinat

- 1 Tasse gefrorene Bananenscheiben (ca. 1 mittelgroße Banane)

- ½ Tasse gefrorene Erdbeeren

- 1 Esslöffel natürliche Erdnussbutter

- 1-2 Teelöffel reiner Ahornsirup oder Honig (optional)

ANLEITUNG

1. Milch und Joghurt in einen Mixer geben, dann Spinat, Banane, Erdbeeren, Erdnussbutter und Süßstoff (falls verwendet) hinzufügen; mischen, bis glatt.

39.CANTALOUPE SMOOTHIE BOWL

ZUTATEN

- ❖ 4 Tassen gefrorene gewürfelte Melone (1/2-Zoll-Stücke)

- ❖ ¾ Tasse Karottensaft

- ❖ Prise Salz

- ❖ Melonenkugeln, Beeren, Nüsse und / oder frisches Basilikum zum Garnieren

ANLEITUNG

1. Kombinieren Sie Kantalupe, Saft und Salz in einer Küchenmaschine oder einem Hochgeschwindigkeitsmixer. Wechseln Sie zwischen Pulsieren und Mischen, halten Sie an, um die Seiten nach Bedarf zu rühren und abzukratzen, bis sie 1 bis 2 Minuten lang dick und glatt sind. Servieren Sie den Smoothie mit mehr Melone, Beeren, Nüssen und / oder Basilikum, falls gewünscht.

40. JASON MRAZ'S AVOCADO GREEN SMOOTHIE

ZUTATEN

- ❖ 1 ¼ Tassen kaltes ungesüßtes Mandelmilch- oder Kokosmilchgetränk

- ❖ 1 reife Avocado

- ❖ 1 reife Banane

- ❖ 1 süßer Apfel, wie Honeycrisp, in Scheiben geschnitten

- ❖ ½ großer oder 1 kleiner Stielsellerie, gehackt

- ❖ 2 Tassen leicht verpackte Grünkohlblätter oder Spinat

- ❖ 1 1-Zoll-Stück geschälten frischen Ingwer

- ❖ 8 Eiswürfel

ANLEITUNG

1. Milchgetränk, Avocado, Banane, Apfel, Sellerie, Grünkohl (oder Spinat), Ingwer und Eis in einem Mixer glatt rühren.

41.TOFU TROPIC SMOOTHIE

ZUTATEN

- ❖ 2 Tassen gewürfelte gefrorene Mango

- ❖ 1 ½ Tassen Ananassaft

- ❖ ¾ Tasse seidiger Tofu

- ❖ ¼ Tasse Limettensaft

- ❖ 1 Teelöffel frisch geriebene Limettenschale

ANLEITUNG

1. Kombinieren Sie Mango, Ananassaft, Tofu, Limettensaft und Limettenschale in einem Mixer; mischen, bis glatt. Sofort servieren.

42. GUTER SMOOTHIE MIT GRÜNEM TEE

ZUTATEN

- ❖ 3 Tassen gefrorene weiße Trauben

- ❖ 2 verpackte Tassen Babyspinat

- ❖ 1 1/2 Tassen stark gebrühter grüner Tee (siehe Tipp), gekühlt

- ❖ 1 mittelreife Avocado

- ❖ 2 Teelöffel Honig

ANLEITUNG

1. Kombinieren Sie Trauben, Spinat, grüner Tee, Avocado und Honig in einem Mixer; mischen, bis alles glatt ist. Sofort servieren.

43.ORANGE FLACHS SMOOTHIE

ZUTATEN

- ❖ 2 Tassen gefrorene Pfirsichscheiben

- ❖ 1 Tasse Karottensaft

- ❖ 1 Tasse Orangensaft

- ❖ 2 Esslöffel gemahlener Leinsamen (siehe Tipp)

- ❖ 1 Esslöffel gehackter frischer Ingwer

ANLEITUNG

1. Kombinieren Sie Pfirsiche, Karottensaft, Orangensaft, Leinsamen und Ingwer im Mixer; mischen, bis alles glatt ist. Sofort servieren.

44. MEERJUNGFRAU SMOOTHIE BOWL

ZUTATEN

- ❖ 2 gefrorene Bananen, geschält

- ❖ 2 Kiwis, geschält

- ❖ 1 Tasse frische Ananasstücke

- ❖ 1 Tasse ungesüßte Mandelmilch

- ❖ 2 Teelöffel blaues Spirulina-Pulver

- ❖ ½ Tasse frische Blaubeeren

- ❖ ½ kleiner Fuji-Apfel, in dünne Scheiben geschnitten und in 1-Zoll-Blütenformen geschnitten

ANLEITUNG

1. Kombinieren Sie Bananen, Kiwis, Ananas, Mandelmilch und Spirulina in einem Mixer. Hoch mischen, bis alles glatt ist, ca. 2 Minuten.

2. Den Smoothie auf 2 Schalen verteilen. Top mit Blaubeeren und Äpfeln.

45. MANDEL-MATCHA GREEN SMOOTHIE BOWL

ZUTATEN

- ❖ ½ Tasse gefrorene Bananenscheiben
- ❖ ½ Tasse gefrorene Pfirsichscheiben
- ❖ 1 Tasse frischer Spinat
- ❖ ½ Tasse ungesüßte Mandelmilch
- ❖ 5 Esslöffel Mandelblättchen, geteilt
- ❖ 1 ½ Teelöffel Matcha Teepulver
- ❖ 1 Teelöffel Ahornsirup
- ❖ ½ reife Kiwi, gewürfelt

ANLEITUNG

1. Mischen Sie Banane, Pfirsiche, Spinat, Mandelmilch, 3 Esslöffel Mandeln, Matcha und Ahornsirup in einem Mixer, bis sie sehr glatt sind.

2. Gießen Sie den Smoothie in eine Schüssel und belegen Sie ihn mit Kiwi und den restlichen 2 Esslöffeln Mandelblättchen.

46.UNICORN SMOOTHIE

ZUTATEN

- ❖ 1 ½ Tassen fettarme Milch, geteilt

- ❖ 1 ½ Tassen fettarmer Vanillejoghurt, geteilt

- ❖ 3 große Bananen, geteilt

- ❖ 1 Tasse gefrorene Brombeeren oder Blaubeeren

- ❖ 1 Tasse gefrorene Mangostücke

- ❖ 1 Tasse gefrorene Himbeeren oder Erdbeeren

- ❖ Sternfrucht, Kiwi, gemischte Beeren und Chiasamen zum Garnieren

ANLEITUNG

1. Kombinieren Sie jeweils eine halbe Tasse Milch und Joghurt, 1 Banane und Brombeeren (oder Blaubeeren) in einem Mixer. Mixen, bis alles glatt ist. Die Mischung auf 4 große Gläser verteilen. In den Gefrierschrank stellen. Spülen Sie den Mixer aus.

2. Kombinieren Sie je 1/2 Tasse Milch und Joghurt, 1 Bananen- und Mangostück im Mixer. Mixen, bis alles glatt ist. Verteilen Sie die Mischung über die lila Schicht in den Gläsern. Stellen Sie die Gläser wieder in den Gefrierschrank. Spülen Sie den Mixer aus.

3. Kombinieren Sie die restlichen 1/2 Tasse Milch und Joghurt, die restlichen Bananen und

Himbeeren (oder Erdbeeren) im Mixer. Mixen, bis alles glatt ist. Verteilen Sie die Mischung über die gelbe Schicht in den Gläsern. Führen Sie einen Spieß um die Kanten, um die Schichten leicht zu verwirbeln.

4. Wenn gewünscht, arrangieren Sie Sternfruchtscheiben, Kiwischeiben und Beeren auf 4 Holzspießen, um jedes Glas zu garnieren. Auf Wunsch mit Chiasamen bestreuen.

47. DREIFACHER MELONEN-SMOOTHIE

ZUTATEN

- ½ Tasse gehackte Wassermelone

- ½ Tasse gehackte reife Melone

- ½ Tasse gehackte reife Honigmelone

- ¼ Tasse gewürfelte Avocado

- 6 Eiswürfel

- Limettensaft auspressen

ANLEITUNG

1. Kombinieren Sie Wassermelone, Melone, Honigtau, Avocado, Eis und Limettensaft in einem Mixer. Pürieren, bis alles glatt ist.

48.CITRUS BERRY SMOOTHIE

ZUTATEN

- 1 ¼ Tassen frische Beeren

- ¾ Tasse fettarmer Naturjoghurt

- ½ Tasse Orangensaft

- 2 Esslöffel fettfreie Trockenmilch

- 1 Esslöffel gerösteter Weizenkeim

- 1 Esslöffel Honig

- ½ Teelöffel Vanilleextrakt

ANLEITUNG

1. Beeren, Joghurt, Orangensaft, Trockenmilch, Weizenkeime, Honig und Vanille in einen Mixer geben und glatt rühren.

49. WASSERMELONEN-KURKUMA-SMOOTHIE

ZUTATEN

- ❖ 4 Tassen Wassermelonenstücke, entkernt

- ❖ ½ Tasse Wasser

- ❖ 3 Esslöffel Zitronensaft

- ❖ 3 Esslöffel grob gehackter geschälter frischer Ingwer

- ❖ 3 Esslöffel grob gehackte geschälte frische Kurkuma (siehe Tipp) oder 1 Teelöffel gemahlen

- ❖ 4 Teelöffel Honig

- ❖ 1 Teelöffel Kokosnussöl extra vergine

- ❖ gemahlener Pfeffer

ANLEITUNG

1. Kombinieren Sie Wassermelone, Wasser, Zitronensaft, Ingwer, Kurkuma, Honig, Öl und Pfeffer in einem Mixer. Etwa 1 Minute pürieren, bis alles glatt ist.

50. WIRKLICH GRÜNER SMOOTHIE

ZUTATEN

- ❖ 1 große reife Banane

- ❖ 1 Tasse verpackter Babykohl oder grob gehackter reifer Grünkohl

- ❖ 1 Tasse ungesüßte Vanille-Mandelmilch

- ❖ ¼ reife Avocado

- ❖ 1 Esslöffel Chiasamen

- ❖ 2 Teelöffel Honig

- ❖ 1 Tasse Eiswürfel

ANLEITUNG

1. Kombinieren Sie Banane, Grünkohl, Mandelmilch, Avocado, Chiasamen und Honig in einem Mixer. Hoch einrühren, bis es cremig und glatt ist. Eis hinzufügen und glatt rühren.

FAZIT

Egal, ob Sie nach einer Möglichkeit suchen, Ihrer
täglichen Ernährung etwas Nahrung hinzuzufügen
oder mehr über Smoothies zu erfahren, um mit Ihrer
ersten Reinigung zu beginnen, Sie haben jetzt einige
ausgezeichnete Rezepte und Tipps, die Ihnen den
Einstieg erleichtern. Denken Sie jedoch daran, dies als
allgemeine Anleitung zu verwenden. Sobald Sie den
Dreh raus haben, können Sie Ihre eigenen
Mischungen zusammenstellen, die Ihrem Geschmack
und Ihren Gesundheitszielen entsprechen.

Lightning Source UK Ltd.
Milton Keynes UK
UKHW020700140521
383712UK00006B/114